엄마 손을 잡고 그 골목에 서 있네

양애경

시인의 말

엄마 보살핌을 받고 살다가
좋은 친구로 서로 의지하며 살다가
아기처럼 된 엄마를 돌봐 드리며 살다가…
이제 아버지 계신 산에 두고 온 엄마
다음 생엔 제 딸로 태어나세요
다 못해 드린 것들을 해 드리며 살게요

2025년 가을
양애경

엄마 손을 잡고 그 골목에 서 있네

차례

1부 골목 지도

엄마	11
겁	14
골목 지도	16
신데렐라의 선녀 엄마	19
나도 아파요	22
빈집	24
포기	26
세상의 모든 언덕	28
변비	30
사알살	32
금요일 저녁상	35
퇴원	38
표류	39

2부 그리운 당신

그리운 당신	43
비린내	45
왜 나는 트로트를 좋아하지 않을까	48
성적 취향	50
나이	52
박	54
여기는 노인의나라역입니다	56
당신 부인 말인데	58
허름하긴 하지요	60
휘파람새가 있는 여름 아침	62
이승	63
흰머리파	64

3부 아파트에 내리는 눈

쎄로켈	69
죽은 사람을 살리지 말아요	72
지린내	74
유령의 집	76
엄마 손을 잡고 그 골목에 서 있네	79
하루만 더	82
칼로 째다	84
효도	86
원하는 것은 무엇이든 얻을 수 있고	87
낮에 나온 반달	88
면회 1	89
맨 등짝	92
면회 2	93
엄마 침대	94
아파트에 내리는 눈	95

4부 신촌역에서 서울역까지

신촌역에서 서울역까지	99
약속	102
기쁜 전화	104
소음 예민충	106
사기그릇에 물 넘기듯	108
긴 병	110
9일째	111
안경 쓰고 울다	112
일곱 달하고 열하루째	114
혼자 말하기	115
평온한 날	116
할머니들이 하는 일	118
허벅지	119
봄, 새벽, 휘파람새	120

해설

돌봄 생존자의 언어, 애도愛道와 애도哀悼 사이에서 123
— 김수이(문학평론가)

1부
골목 지도

엄마

나는 엄마가 너무 똑똑한 게 싫었다
조간신문 두 종류를 읽으며 정치인들을 성토하고
NHK, CNN, YTN만 보는 엄마

다른 애들 엄마같이 수수하면 얼마나 좋을까
내가 뭘 하면,
공부 많이 한 딸이 알아서 하겠지
연애도 지가 알아 하겠지
된장찌개 뚝배기에 새로 한 밥 한 상 차려 주고
백열전등 밑 고요한 세계로 돌아가는 그런 엄마면

담임 선생 같은 엄마 밑에서
착한 딸 노릇 육십 년

이제 그런 엄마 가졌다
나이 90 넘고
두 번의 큰 수술을 거쳐
엄마는 안경을 쓰고

아침 신문의 헤드라인만 만지작거리다가 놓는다

얘, 딸기가 참 맛있다
내가 이가 없어도 먹기 좋게 반으로 자른 딸기를 놓아 드리면
하얀 머리
좁은 어깨
얼룩진 손으로
얌냠 먹으며 행복해한다
그래, 인제 딸기가 제 맛이 들었네요

다른 애들 엄마처럼 수수한 엄마
아니, 아이처럼
귀여워진 엄마
이야기에 나오는
소원 들어주는 악마의 장난 같아

가슴이 뻐근하고 아련해서

괜히
고개를 돌려
오래 걸어온 길을 본다

겁

새벽 다섯 시 사십 분
어스름 침대 위에서
엄마가 오랜만에 골똘하게 생각에 잠기셨다

— 얘, 밥은 누가 하니?
— 밥 내가 하죠.
— 쌀은 누가 사니?
— 내가 사요.
— 니가 내 딸이지?
— 응, 딸이지. 딸 애경이.
— 돈이 어딨어서 쌀을 사니?
— 엄마, 나 연금 타잖아요. 다달이 돈이 나와요.
— 그런 게 있어? 어떻게 그런 게 있어?
— 나 평생 아이들 가르쳤잖아요.
— 뭐를 했다구?
— 나 교수 했잖아요. 그때 저금해 놓은 거에서 돈이 나와요.
— (슬프게) 그럼 내가 너한테 붙어서 먹구사는구나.

― 엄마가 나 밥해 주고 빨래해 주고 그래서 번 돈이니까 엄마 돈이기도 하지.
― 그래? 난 요새 걱정을 많이 했어. 돈이 어디서 생겨서 사나.
― 아이구, 월급처럼 25일 되면 돈이 나오는데. 쓰고 남아서 저금도 하는데…. (침대 앞 걸린 큰 달력에서 25일을 손가락으로 짚어 드린다.)
― 그럼 가르쳐 줘야지. 나는 요새 겁이 나서….
― 엄마가 알구 있는 줄 알았지…. 엄마, 걱정 하나도 안 해도 돼요. 다치지만 마세요.
― 하하하, 그랬구나.

왜 꿍꿍거리시나 했네
백 번도 더 말해 드렸지만 궁금하면 또 물어보세요

골목 지도

차도에서 갈라져 들어간
양쪽으로 나란히 일곱 집씩 늘어서 있는
길이가 70미터쯤 되고 앞이 막힌 골목
그중 왼쪽 네 번째가 우리 집이다

내 골목 지도는,
막다른 집은 오토바이로 드나들어 얼굴 모르는 아저씨가 두 분
다음 오른쪽 집은 길고양이 새끼까지 받아 주시는 살림 잘하는 아지매집
그 왼쪽은 열여섯 살 된 포메라니안 토토가 사는 집
그 다음은 중학생이다가 고등학생이다가 대학생이다가 옥상에 슬리핑 백 매달아 놓고 권투하다가
이젠 먼 데로 취업 갔는지 보이지 않는 소년네 집

우리 엄마의 골목 지도는,
저 집은 내 친구였던 할머니네 집 (돌아가신 후 비어 있지.)

저 집은 해소 기침 하다 돌아가신 할아버지 집
저 집은 다쳐서 자식한테 간 후 못 오는 할머니네 집
저 집은 나 아는 아줌마 이사 가고서 무너져 빈터가 된 집
그 옆집은 집이 너무 낡아 연립으로 가신 할머니네 집 (비어 있어.)
우리 옆집은 나랑 동갑내기 할머니 할아버지 재작년 가을 한꺼번에 돌아가시고,
젊은 남자가 이사 와 에어컨 공장 차렸잖니 (그 양반들이 안 돌아가셨어야 하는데. 망했어. 망했어.)
우리 집이 딱 가운데인데, 제일 좋지 않니?

하루에 두 번
살아남은 할머니들 서넛이서 지팡이를 짚고
골목에 나와 탁.탁.탁. 운동 삼아 도시고는
허름한 의자에 앉아서 수다 떠시는 귀중한 놀이터다

최고령인 우리 엄마도 요즘 그 대열에 끼어서 재미나

시다

  이젠 아파트로 이사 가기 그른 것 같다

신데렐라의 선녀 엄마

신데렐라는 엄마 없는 애여서
재투성이
구박데기

하루 종일 부엌에서 장작불을 때며 요리를 하고
불이 꺼지면
재 위에서 자지요

신데렐라도 무도회에 가고 싶었어요
온 나라 처녀들이 모두 초대받았으니까요
하지만 새엄마와 이복 자매들만 한껏 치장을 하고
무도회에 갔지요

호박이 마차가 되고
쥐들이 말이 되고
수염이 가장 멋진 쥐가 마부가 되어
신데렐라를 부를 때

선녀 엄마가 나타나서
누더기를 아름다운 드레스로 바꿔 놓지요

우리 엄마는 선녀 엄마
자투리 천으로 코코 샤넬*의 원피스를
구호물자 낙타오버를 뜯어 키토 요시코**의 코트를
동대문에서 뜬 천으로 노지마 하루코***의 실크 블라우스를
평생 지어 입히셨는데

이제
엄마는 미싱의 밑실을 어떻게 감는지
잊어버리셨어요
평생 미싱이 놓여 있던 당신 잠자리 옆에
이동 변기가 놓여 있어요

이젠 제가
엄마의 선녀 엄마가 되었어요

닦아드리고
새로 빤 옷을 입혀 드려요

이렇게 또 함께 무사히 하루가 지나요

* 프랑스의 패션 디자이너.
** 일본의 패션 디자이너.
*** 일본의 패션 디자이너.

나도 아파요

옆집 할머니, 우리 엄마에게 물으신다
— 형님, 형님은 다리 안 아프슈?
나는 아주 '다리가 아프고, 허리도 아파요. 말도 못 해요.
그런데, 형님은 안 아프슈?

대문 앞 의자에 지팡이 짚고 나란히 앉아서
엄마가 대답하신다
— 나도 아프지. 왜 안 아프겠어요.

옆집 할머니 86세
우리 엄마는 91세

들어와서 내게 쉿! 하고 입술에 손을 대신다
— 나는 다리 안 아프잖아. 허리도 안 아프고.
근데 아프다고 했어. 그래야 안심하는 것 같아.

할머니들 우정은

나도 아프다고
하는 것인가 보다

빈집

골목 막다른 집
왼쪽으로 가느다란 길이 하나 더 있어
그 길 끝에 집이 하나 있는데
엄마 말씀에,
거기 할머니 한 분 사시다가 돌아가셔서
빈집이야

바로 앞이 복닥거리는 동네지만 거기는 아주 조용해
아무도 안 사니까
잠겨 있는 대문 앞에 서 보면
서늘하고 그윽하고 어둡고

그런데 고양이들이 거기 가서 새끼를 낳네
가느다란 길에 한들한들 새끼 고양이가
걸어 들어가는 걸 본 일이 있네

눈이 녹자마자
기가 막힌 소리로 울어 대는 산새들이

그 집 매화나무 가지에서 만나는 걸 보았어
하얀 매화가 어룽어룽 담 너머로 꽃송이를 내밀더군

그러고 보니
빈집이 아니네
길고양이네 집
먼 나라에서 날아와 한 철 살고 가는
휘파람새의 집이야

아마 할머니도 아직 거기 살고 계시는 건 아닐까

포기

출판사에서 오후 세 시에 누군가를 만나기로 해서
엄마에게 오후 다섯 시에 저녁 드시라고
뚝배기에 국물을 담고 상차림을 해 놓고 외출을 했다

저녁 여섯 시 반,
저녁은 드셨겠지 하고 집에 돌아와 보니
모기같이 가느다란 목소리로
콜라 먹고 밥은 안 먹었어, 하며 누워 계신다

왜? 하니
그냥 복잡해서, 귀찮아서…라 하신다

상 위에 내가 써 놓고 간 메모를 보았다

다섯 시에 만두 물 끓여서
만두 넣고 한번 끓은 다음
야채 넣고 끓여 드신 다음
밥 넣고 끓여 드세요

음, 너무 복잡해서 포기하셨군
그럴 만도 해

만두전골 끓여서 같이 저녁 먹었다

세상의 모든 언덕

엄마는 습성 황반 변성
안구에 약물을 주사하고 나면
사흘 동안 세수를 할 수 없다

나는 싱크대 앞에 서서
뜨거운 물에 거즈를 빨아 들고서
엄마의 눈가부터 꼼꼼하게 닦기 시작한다

엄마가 조그만 소리로 불평을 하신다
— 얘, 네가 닦을 때마다 세상이 흔들거려져.

나는 엄마의 코를 지나 입술까지
연신 거즈로 문지른다
쪼글쪼글한 입가 주름 때문에 닦기가 쉽지 않다

— 그거 한다고 세상이 흔들리다니….
세상 탓을 하지 말고 흔들리지 않게 좀 노력을 해 봐요.

― 뭐어?
라고 엄마가 조그만 소리로 항의를 하신다

늘 비틀비틀 갸우뚱갸우뚱하면서
땅이 평평하지 않다고 불평을 하는 엄마

어떻게 해야 내가 엄마 앞의 모든 언덕을 평평하게 펼 것인가

변비

장폐색으로 입원까지 한 동네 할머니 두 분 있다
병명이 무거운데 사실 그거, 똥이 막혀 안 나온 거다
얼굴이 참외꽃처럼 노랗게 시들어
저승 문턱까지 갔다가 돌아왔다고 하신다

― 엄마, 저번 엄마 고관절 수술하고 닷새나 똥이 안 나와서 내가 손가락으로 엄마 항문에서 딱딱해진 똥 꺼내 준 거 기억나우?
― 아니, 몰라. 어떻게 말이니?
― 나도 변비로 내 항문에서 꺼낸 적은 있지만 다른 사람 걸 하게 될지는 몰랐지.
― 손가락 넣어서 속이 다치면 어쩔려구?
― 간호사가 변비약하고 비닐장갑 두 개 주더라구.
딱딱한 콩알 같은 거, 염소똥 같은 거, 조금 더 큰 덩어리
세 개 꺼낸 뒤에 시원하게 나왔지
일회용 비닐장갑 정말 고맙더라고. 그거 없었으면 어쩔 뻔했어?

저녁 먹고 둘이 앉아 가벼운 수다를 떨고

속으로는,
— (내가 그런 일까지 한 딸인데 어디 아픈 데 있음 참지 말고 꼭 나한테 말해야 해.)라 했다

사알살

전기를 넣고
버튼을 누르고
동그랗게 파란 불이 뜨고
바탕 화면이 다 뜨기까지 안절부절 입술 거스러미를 깨물다가
급히 익스플로러를 켰더니 네이버가 뜨다 말다
가장자리 ×표를 누르니 꺼지지가 않고
답답해서 한글 파일부터 여니 열어지다 말다
다시 ×표를 누르다가
종결 버튼을 눌러 대다가 컴퓨터를 껐다가 다시 켰다가
프롬프터가 깜박이며 흘러내리자 다시 당황하여……
삼성 AS에 전화를 해서 수십 분 만에 연결이 되니
그 다음엔 원격 모드가 되지 않았고……

상냥한 담당자가 조심스럽게 말한다
사신 지가 7년이나 되었네요. 사실 문제가 생길 때도

되었지요.

    예? 제 컴퓨터가 그렇게 오래된 건가요?

    네, 보통 5년이면 교체를 하시니까요.

일곱 살 된 인공 지능
나이가 들수록 지혜로워졌으면 좋으련만
기억이 얽히고 지워지는 게
노인과 닮았다니

치유 불가능인가요? 저는 많은 걸 욕심내지 않아요
세수하고 밥 먹고
화장실 가서 옷 잘 내리고 볼일 보면 휴지를 쓰고
벽을 짚고 사알살 걸을 수만 있으면 돼요
TV를 켜고 끄고 채널은 굳이 바꾸지 않아도 돼요
이웃집 할머니와 딸 얼굴만 분간하면 돼요

아! 인터넷 되네요. 우선 써 보세요.
감사해요. 감사해요! 아, 이제 살았어요.

오래 걸려도 사알~살
재촉하지 않을 것

알면서도

금요일 저녁상

도심에도 장이 선다
서대전 사거리 근처
충남대 건너편에서 병무청 쪽으로 난 길에
금요일이면 난전이 길게 선다

집에서 입던 무릎 나온 추리닝에 긴 남자 패딩 점퍼 걸치고
누가 보겠어? 배짱으로 금요장 갔다

삼치 한 마리 배 갈라 네 토막 내어 소금 뿌리고
감자, 어묵, 깐 은행과 밤, 귤, 무 한 개, 대파…
등에 메고, 어깨에 걸치고, 낑낑거리며
단골 전 가게를 들여다본다

기름 위에서 묽은 반죽이 녹두 빈대떡으로 익을 때까지
서서 기다리면, 아주머니
속은 말랑하면서 겉이 바삭해질 때까지 몇 번을 뒤

집고
  금방 먹을 건가, 두었다 먹을 건가
  집에서 데워 먹을 건가, 사 간 상태로 먹을 건가를 묻고는

  한 시간 있다가 저녁 먹을 때 먹을 건데요
  데우진 않고 그냥 먹어도 맛있던데?
  라 대꾸하면
  그래서 바싹 익히는 거예요라 대답하며

  다시 뒤집고 모양을 잡아
  스티로폼 그릇에 비닐을 깔고 그 위에 두 개를 예쁘게 포개어
  다시 비닐로 잘 둘러싸서 내게 준다
  정성스러워라, 마음 깊이 고마워하며 나는 이천 원을 내민다

  점심 때 한 찬밥, 점심 때 한 김치찌개, 새로 끓인 보리

차에
　두 개의 작은 녹두 빈대떡을 더하여 식탁을 차리면
　늙은 엄마
　머리를 갸웃하며 처녀처럼 웃으시는
　금요일 저녁상

퇴원

어디 아픈 데 없고
TV 앞에
엄마는 엄마 침대에 뒹굴뒹굴
나는 침대 밑 쪽이불에 뒹굴뒹굴
아
행복하다

표류

엄마는 밤에 어디를 다녀오는 걸까?

함께 살고 있지만
엄마가 어디를 다녀오시는지 알지 못한다

저녁 다섯 시 반이면 벌써
가볍게 코를 골며 잠들었다가
내가 잠들면 일어나서

어느 문을 열고 나가
어느 곳에서 헤매는지

나는 부두에서 배를 타고 밤바다로 나가
아침에 다시 부두로 돌아오는데

엄마는 해안에서 조금씩 떠밀려
날마다 더 먼 백사장에
닿는 걸까

아침 식탁에서
건너편에 앉아 있는 엄마의
초췌하고 낯선 얼굴을 보면

내 마음은

2부
그리운 당신

그리운 당신

지금 생각해 보면
샴푸로 긴 머리를 감기만 해도
온몸에서 꽃 내음이 나던
그때
당신과 잘걸

그랬으면
나의 제일 아름다웠던 몸과
당신의 제일 아름다웠던 몸이
만났던 기억이 몸에 남았을걸

왜 그랬을까
결혼할 사람이 아니면 손도 잡으면 안 된다고
결혼
사람 일이 어찌 될 줄 알고
헤어지는 게 꼭 마음이 없어서가 아닌데

나란히 함께 걸었던 순간이라든지

나란히 함께 카페에 앉았던 순간에
살그마니 손 안에 당신 손을 담았던
기억이 남았으면 좋았을걸

이제 할머니가 되어
소년이었던 당신을 그리워하네

그때 우리 둘의 몸에도
서로를 남길 걸 그랬어

비린내

처음 시작은
평범했다

회식에서 한우를 먹고
엄마에게도 한 점 구워 드리려고
고기 한칼 사서 차에 싣고 오는데
피비린내가 나는 것이었다
하기는 물컹하고 벌건 덩어리이기는 했다

비린내가
집에까지 따라오고
밤새 따라와서
한 점도 못 먹고 버렸다

이젠 달걀에서 비린내가 나기 시작했다
대기업 달걀, 유정란, 놓아먹인 닭의 알도
잠깐 담았던 그릇에서도 조리해 먹고 난 개수대에서
도 내 목구멍 안에서도

비린내가 났다
흰살생선도 반건조 생선도 비린내가 났다

피 냄새는
살인범 애인이 생기면
맡게 될까 봐 겁이 났지만

일주일에 세 번,
줄에 매달려 온몸의 피를 빼고 걸러서 다시 넣어야 하는
아픈 지인의 몸에서 났다
슬펐지만 입을 꾹 다물었다

많이 걷고 돌아온 날
속옷을 벗어서 물에 담그려 하는데
물씬, 비린내가 났다
내 몸에서 나는 비린내에 내가 놀랐다

그러고 보면
살아 있는 모든 것
살아 있다가 영혼이 다른 곳으로 떠난 모든 몸은
비린내를 풍기게 마련인 것이었다

그래서 그 수많은 향이 생기게 된 것이었다
독한 냄새로 그 비린내를 덮으려는 안간힘으로

왜 나는 트로트를 좋아하지 않을까

어쩔 수 없이 한 달 내내 트로트를 들을 일이 생겼다
좋아하지도 않는데
왜 나는 하루 종일 쿵짜자쿵짜 읊조리며
좌우로 체머리를 흔들고 있을까

아 그래서였구나
트로트는 중독성
함께 줄을 잡고 으쌰으쌰 잡아당기다가
탁 손을 놓으면
모두 한데 섞여 정신없이 빙빙 돌다가
한꺼번에 수챗구멍으로 꼬로록~ 넘어가야 하는 음악

직장 다닐 때 윗분들은
모두 함께 으쌰으쌰를 좋아하셨다
연수 때 승용차를 타고 가면 배신자
전세 버스를 타고
코스마다 나눠 주는 간식을 씹으며

순서대로 돌아오는 마이크로
가요 한 곡쯤 열창해 줘야 했다

쿵짜라자짜 쿵짜쿵짜 네 박자 속에
나와서 흔들라며 잡아당길 때면
나는 한쪽으로 비어져 나가
시킬까 봐 고개 처박고 있는 사람

나는 시인
어차피 사람은 철저하게 혼자란 걸 아는 영혼
한데 엉겨 빙빙 돌아가다가
쿵 하고 한데 떨어지는 걸 못 견딜 뿐

트로트는 죄가 없겠지

성적 취향

내가 자기에게 안 넘어온다고
저거 저거 동성애자 아니야?라고
무리 속에서 힐끔대며
입술 비쭉거리던 남자가 있었어
한 명도 아니었던 것 같아

자기한테 매력 못 느낀다고
왜 내가 동성애자가 되어야 한담
세상에 멋진 남자가 없는 것도 아닌데

시간이 안 맞더라고
어떤 사람은 나보다 너무 일찍 태어났고
어떤 사람은 나보다 너무 늦게 태어났어
안 그러면 벌써 아내가 있었지
 평생 아버지를 유혹하는 여자들을 원망하는 엄마의 말에 귀가 물러질 지경이었으므로
 아내 있는 남자는 남자로 보면 안 됐지

(멋진 사람은 역시 멋진 사람이라
마음이 내 마음대로 되는 건 아니었지만)

어쨌든 당신은 아니야, 라는 표시를 내면
자신 있는 남자들은 푸우~ 웃고 그냥 가지만
어떤 남자는 '늙은 X이~' 하더라구
어차피 여자가 남자보다 10년은 더 사는데 뭐 그리 젊은 여자가 필요하단 건지 모르겠지만
각자의 취향이긴 하지

나이 들어 좋은 일 하나는
호르몬이
내게 엉뚱한 짓을 시키는 일이 없어졌다는 것
그래도, 장담은 말아야겠지
무슨 일이 생길지 몰라서 인생이 재미있는 거잖아

나이

첫눈 오는 날
여자 고등학교 3학년 교실
아이들은 창에 매달려 환호성을 지르고
하늘에선
땅에 닿기 위해 빠르게 뛰어내리는 눈발들이 웅성거릴 때

열여덟 살의 나는
교실 안의 친구들 곁, 아주 먼 곳에 서서
빨리 할머니가 되었으면 좋겠어
아니, 차라리 전쟁이라도 나면…
하고 중얼거리고 있었다

거짓말처럼
시간이 나를 뚝 떼어 이 자리에 부려 놓고 가자
이제 진짜 할머니가 되었는데
나는 그때 원하던 대로 되었을까?

그때 나는
피가 지글지글 끓고
입안이 바싹바싹 탔다
특별한 일 없이도 그랬고
작은 일 하나라도 마음에 걸리면 그랬다
선 채로
땅속에 스며들어 사라져 버리기를 얼마나 바랐던가

이제는 그때처럼 피가 뜨겁지 않다
그때처럼 막무가내로 치닫지도 않는다
대신 콕 찌르기만 해도
뭉클, 물기가 스며 나온다

불 대신 물

그래서 동네의 오래된 우물이
그렇게 깊숙하게
초록 이끼가 끼었었나 보다

박

내게도
인어처럼
허리 밑까지 풍성한 머리카락을 풀어 내렸던 시절이 있었는데

머리가 자꾸 짧아지기만 한다
일생 중 제일 짧아진 머리를 감고서
빗으로 빗는다

한 번 빗어 내릴 때마다
뎅~
뎅~
맑게 머리가 울린다

물 가득 찬 함지에 바가지 첨벙 담글 때 소리 같다
수박 익었는지 두들겨 보는 소리 같다

평생 채우던 머릿속이

드디어 다 익었나 보다

아니, 다 비었나 보다

마녀에게 머리칼을 잘라 주고 받은 칼을
동생에게 쥐여 주고

자꾸 돌아보며
검푸른 바다 밑으로 헤엄쳐 가던
그리운 언니들

목소리가 없다

여기는 노인의나라역입니다

네 달째다
흰머리로 살기로 한 지

까만 머리와 흰머리가 섞인 콘트라스트
내 머리 색깔이 이랬어? 하고 놀란다

가르치는 학생들 놀랄까 봐
오래 염색을 했으니
나도 내 머리 빛을 몰랐지

모르는 사람들이 많이 친절해졌다
소곤소곤 달래듯이 말한다

보기만 해도
'괜찮아요'라고 말해 주고 싶어지나 보다

지하철역에 내려서서
가지 않고 한참 가만히 서 있었다

여기는 노인의나라역입니다
상냥하고 무미한 안내 멘트를 들으며

그래도 괜찮았다

당신 부인 말인데

있잖아
당신 부인 멋있지 능력 있고
인물도 곱고 마음 씀씀이도 훌륭하고 나도 알아

그렇지만 있잖아 당신이 놓친 게 아주 없진 않아
내가 20대 때 밤마다

별들이 밤하늘 가득 떠올라 있었어
노란색 하얀색 오렌지색 연푸른색
별들이 점~점~ 커지더니 궤도를 벗어나서 막 날아다니기 시작하는 거야
웅웅거리면서
나는 땅 한 귀퉁이에서 그것을 올려다보고 있었어

두 개가 합쳐 하나가 되기도 하고
하나가 나뉘어져 두 개가 되기도 하면서
별들이 울었어
별들이 울며 날았어

부딪치면 폭발할 것 같은, 세상이 부서질 것 같은
두렵기도 하고 벅차기도 하고
가슴이 마구 요동치는 아찔한 광경

그런데 그게 태몽이라데
세상을 뒤흔들 아이
영웅이 될 수도, 조조처럼 간웅이 될 수도 있는
세계를 변화시킬 아이를 낳을 꿈

당신이 지금 부인이랑 결혼하지 않고 나랑 했다면
내가 낳지 못한 그 아이
우리가 가졌을 수도 있었던 그 아이
조금은 아깝지 않나?

시답잖은 소린 줄 나도 알긴 하는데
사람들이 찍을 사람 없다고 자꾸 투덜거리니
선거 앞두고 내가 별생각을 다 하게 되네

허름하긴 하지요

옷 좀 사 입으세요
액세서리도 좀 사시고요
가방이 너무 낡았네요!
네 네 저를 아껴서 하시는 말씀인 줄 잘 알아요
그런데 요즘 저는
물건을 늘리지 않으려 해요
버리는 게 너무 힘들어서요
엄마가 물려주신 재산이 제일 감사한 게
모두 허름하다는 점이에요

오래된 장이 아직 담긴 항아리들이랑
언젠가 쓰려니 하고 둔 커다란 고무 다라이들이랑
할머니들께 물려받은 사기그릇들이랑
한 번도 안 쓴 찻잔들이랑
새로 지어 한 번도 안 덮은 이불들이랑
고치기에는 너무 낡은 계단 난간이랑
녹슬어 구멍이 난 대문이랑
군고구마도 생선구이도 튀김도 마음 놓고 해 먹을 수

있는 부엌을
  물려주셨거든요

  큰맘 먹고 사들인 전공 책들이랑
  40년 동안 한 달에 한 권씩 일본에서 온 패션 잡지들이랑
  엄마와 함께 잡지 보고 만들었던 옷들이랑

  이 모든 것들로 고치를 짓고
  탈피하여 나비가 되어
  훨훨 날아갈 날을 기다리고 있어요

  이 허름함이 너무 편안해서 버릴 수가 없네요

휘파람새가 있는 여름 아침

미열이 난다
일주일간 심하게 앓고 난 후
지금 6월 5일 오전 11시, 섭씨 22도
오늘의 최고 기온은 섭씨 31도

휘파람새가 근처에 있다
말로 형용할 수 없이 아리따운 목소리로 재잘거린다

그래. 그래.
응. 그래.

새의 이마에 내 뜨거운 이마를 댄다
보송보송한 새의 털 밑에 새의 눈시울이 느껴진다

그래. 그래.
고마워.

이승

아주 오래전
좋아했던 사람
엉뚱한 데서,
어떻게 지냈어?
불쑥 고개 내밀 수 있게
아직 같은 생에 서 있는 게
좋아

따로 흘러가고 있더라도

흰머리파

염색을 하지 않기로 한 지 일곱 달
80 넘은 이웃 할머님도 새까맣게 머리를 물들이는 세상에서
나는 할머니 취급을 받긴 하지만

때로 거리에서 누군가의 눈길을 받을 때가 있어
돌아보면

나처럼 머리가 하얗고
별로 늙지 않은 사내가 나를 가만히 바라보고 있는 거야
무한 호감이 느껴지는 눈길로 말이야

그러면 나는 다시 20대로 돌아가
거리에서 우연히 만난 청년과 눈을 마주치는 기분이야

머리가 하얗게 된 이후로 비로소

남친이 생길지 모른단 생각이
들기 시작했어

나처럼 나이 들었지만
나이가 자연스러운 남자와

다시 두근두근

3부
아파트에 내리는 눈

쎄로켈

잠들어요
쉬~ 잇
잠들어요

코끼리도 재울 수 있는
쎄로켈 25밀리그램*
오늘 임무는
36킬로그램 할머니 재우기예요
껌이죠 뭐

잠들게 해요
고장 난 뇌를 멎게 해요
윙윙거리는
불안과 공포를 멈춰요

왜 팔을 못 드는지
왜 어깨가 떨어져 나갈 듯 아픈지
왜 손목을 못 쓰는지 묻지 못하게 해요

왜냐하면

했던 말 하고 또 하고 또 하고

들은 말 잊고 또 잊고 또 잊고

뭐~어? 내가 팔이 부러졌다고? 손목이 부러졌다고? 수술을 했다고?

깜~짝 놀랐다가

왜 내가 이 팔을 못 움직여? 왜 나를 묶었어? 라고 화를 냈다가

또 팔이, 손목이, 수술이…

엉 엉 엉 나 어떡해 나 무서워

멀쩡한 사람은 못 견디니까요

저녁 5시에서 다음 날 낮 12시까지

이러한 모든 일들을 멈춰요

단, 할머니는

어디로 나가 어디서 헤매는지 신경 쓰지 말자구요.

자! 우리 쎄로켈 씨가 임무를 다하는 동안
PC를 켜 주식 시세를 보고
부동산 현황도 보고
외환 시장도 둘러보고
고기 구워 밥 먹은 다음
TV도 보고
모기장 펼치고 잠을 자요

침대 위의 할머니가 광기의 동산에서 헤매는 동안
주름진 시트와 겹쳐진 옷자락이
할머니 엉덩이 피부를 잘근잘근 씹는 동안

고마워요 쎄로켈 25밀리그램 씨

*정신 분열증, 양극성 장애 등에 사용되는 약물로 심한 섬망과 망상, 환각 등 급성 증상이 나타나는 환자에게 투여된다. 고령 환자의 경우 25mg부터 시작하여 점차 용량을 증량한다.

죽은 사람을 살리지 말아요

아들을 묘지에 묻고 난 후
부부는
아는 신과 모르는 신
온갖 주문과 주술을 통해
아들을 살려 달라고 빌었지요

아들이 묘지에서 일어나
문을 두드릴 때까지요

쿵 쿵 쿵쿵쿵쿵쿵

여자가 현관문을 열어 주자고 했지요
남편이 말렸지요

남자가 현관문을 열어 주자고 했지요
부인이 말렸지요

쿵쿵쿵쿵 쿵쿵쿵쿵쿵

결국은 문을 열어 주고 말죠
지옥이 걸어 들어오죠

죽은 사람을 살리지 마세요
돌아온 사람은 그 사람이 아니에요
공물을 놓친 죽음이
앙갚음으로 보낸
'어떤 존재'예요

늘, 지나간 다음에 알게 되죠
죽어 가는 사람을 살리지 마세요

평화롭게 거기,
두세요

지린내

홈플러스 반품 접수 코너 앞
고객 대기 벤치에서 지린내가 물씬 풍긴다
할머니 한 분이 널브러져 앉아
불량소녀처럼 꼰 다리를 달랑달랑 흔들고 있고
양쪽으로 둘러싸고 난처한 표정의 아주머니가 두 분

저기… 백화점으로 가서요
옷도 한 벌 사드리고…
라고 자신 없는 어투로 한 아주머니가 입을 떼는데
다른 아주머니는 대답이 없고

할머니는 눈이 화악 풀린 채
심술이 잔뜩 난 입매를 하고 있는데
어디 요양원에 계신 어르신을 모시고 나왔나
카트를 끌고 생필품을 사 나르는 전투적인 사람들 속에서
  지린내는 창궐하고

딸일까 며느리일까
아주머니들 나이도 만만치 않아 보여
아주 오랜만에 면회를 와서
옷도 사드리고 맛있는 것도 사드리고
그렇게라도 못다 한 효도를 하고 싶었겠지

하지만 어르신은 그 사이 다른 나라로 아주 가 버리셨지
기저귀를 못 갈아 엉덩이는 축축하고
변기 가깝고 침대 가까운 곳으로 빨리 가고 싶은데
여기는 어디고 저 여편네들은 누구여
왜 여기다 붙들어 놓는 거여
화가 나서 입을 쭉 내밀고 다리만 달달 떨고 계신 거지

어쩌면 좋아
잠깐 쳐다보는 나도 마음이 꽉 메어 오는데

유령의 집

이 집에 유령이 살아요
불이 혼자 탁 켜지기도 하고
문이 스르르 열리기도 하고
의자가 드드득 움직이기도 하고
노래 한 소절이 들리기도 하고

골목 입구에서 뒹굴어
왼쪽 어깨를 깔아 버린 엄마
어깨 부러지고
손목 부러져서
티타늄 나사로 얽어매었는데

하룻밤 새 한 번 두 번 세 번
부목을 떼어 팽개치고
드레싱도 다 떼어 버리고
일어나지도 못하던 양반이
방문 앞에 짠! 하고 나타나 힛! 하고 웃으시는데

의사가 톱질해 놓은 손목에 밴드를 다시 붙여드리며
왜 그러시냐 물었더니
기억을 못 하시네
다쳤다는 걸
팔은 너무너무 아프시다면서
하루에 열 번 백 번 천 번
다쳤어요 팔이 부러졌어요 수술받았어요 대답해도

유령은
죽었다는 걸 잊어버린 사람이네
탁! 불을 켜고
문을 스르르 열고
의자를 드드득 끌어와 앉고
옛날 노래 한 소절을 부르다가
탁! 불을 끄네

유령의 집이라 부르지 말아요
그 집은 여전히

그 사람의 집

죽은 걸 잠깐 잊었을 뿐이네

엄마 손을 잡고 그 골목에 서 있네

산 것도 아니고
죽은 것도 아닌 사람과 단둘이 사는
여기는
연옥

이승도 아니고
저승도 아닌
어스름한 저녁이면

엄마가,
엄마. 엄마. 응~ 응~ 응~
하고
40년 전에 돌아가신 외할머니를 부르며 울고

나는 21세기의 팝송을 듣고 있지
엄마가 쿵! 하고 넘어지는 소리를 못 들을까 봐
사계절 방문을 열어 놓은
내 방에서

엄마가
저승에서 자기를 부르러 온 사람과
큰소리로 다투고는
우둘우둘 떨며
나는 안 갈 거야!
하고 현관문 문고리를 붙잡고 늘어지는 저녁

나는 쫓아 나가 엄마를 껴안고
보이지 않고 들리지 않는 것으로부터 엄마를 지키려고
필사적으로 안간힘을 쓰지

여기가 우리 집이니?
심각하게 하루 한 번씩 엄마는 묻고
나는 맞다고 하지
40여 년 전에 엄마가 사고
한 번도 떠나지 않은 우리 집

이 집은 저승으로 향한
이승 쪽 마지막 정류장
어슴푸레한 가로등 밑에

지팡이를 짚은 엄마의 작은 손을 잡고
슬픈 내가 서 있네

하루만 더
— 2020년 12월

엄마 우리
하루만 더
이렇게 있어요
어깨 위에 햇볕이 따뜻할 때

엄마가 엄마 다리로 걷고
엄마 손으로 붙잡고
엄마 숟가락으로
따뜻한 국물을 떠먹을 때

둘이 눈 맞추고
쿡쿡
웃을 때

이렇게 하루가 함께
또 흘러가는 것이
좋아요

하루만 더
이렇게 가 봐요

그 너머에
무엇이 있는지
보지 말아요 우리

칼로 째다

 살을 칼로 짼다는 것
 속에서 필요 없(다고 판단되)는 피와 뼈와 점막과 근육을 꺼내어 버린다는 것
 가는 바늘로 다시 촘촘히 살을 기운다는 것
 간단해 보였는데

 날마다 살이 운다
 밤마다 뼈가 신음한다
 바늘자리 곁으로 오글오글 올라와 뭉툭뭉툭 자리 잡고
 아아, 아파 아파
 안에서 찔러 대고
 고름이 잡혀 터지고
 흉터가 지렁이처럼 흘러내리고
 죽은 신경이 살아나면서 왜 그랬어 왜 그랬어
 콕콕 쑤시고

 안과 밖

피부와 내부
모두 한 몸인 줄 알았는데
건드리지 마! 라고 하는 성난 내심을 왜 몰랐을까
왜 무시했을까
너와 헤어지는 것을 쉽게 생각한 죄
해결해 보려고 안달한 죄
인공으로 새로 얻으려 한 죄

너를 어떻게 달래야 할까
오래 함께해 와 다 안다고 생각했지만
사실은 오늘 처음 얼굴을 마주 본 사람 같은

내 몸

효도

그건 줄 모르고
90의 엄마와
단둘이 즐겁게 사는 것

그러다 힘든 날은
원금을 다 갚은 빚의
이자를

영원히 지불하고 있는 것 같은
기분이 드는 것

원하는 것은 무엇이든 얻을 수 있고

원하는 것은 무엇이든 얻을 수 있고
뜻하는 것은 무엇이든 될 수가 있다는
노래*가 있었다

이제 나이가 들고
노력해도 안 되는 것, 내 힘으로 안 되는 것이 있다는 걸
인정할 때가 왔다

가사가 거짓말이라고 말하고 싶지는 않다
젊은 친구들에겐 그런 믿음도 도움이 되리라

하지만 그건 거짓말이 맞았다

내가 내 손으로 엄마를 요양원에 데려가
문을 쾅 닫고
혼자 돌아오다니!

*정수라, 〈아! 대한민국〉의 가사.

낮에 나온 반달

하얀 반달이 있다
반투명한 구름이 반달을 스쳐
북쪽으로 흘러가고 있다
구름의 꼬리가 다시 반달을 감싸며
북쪽으로 따라가고 있다
저 반달
요양원에 누워 계신 내 어머니
나는 그저 멀리서 스치며
혼자 멀리 가고 있는 중이다
몇 번을 집에 찾아가도
딸들이 문을 열어 주지 않았다던
우리 엄마
이제 조금도 움직이지 못하신다

면회 1

　요양원 현관에 엄마가 휠체어 타고 밀려 나왔다
　방호복과 투명 비닐 사이로 엄마 얼굴이 전보다 말랐다
　한쪽엔 내가
　한쪽엔 동생이 쪼그리고 앉아
　비닐장갑 사이로 엄마 손을 잡는다
　우리를 몰라보신다
　딸이라고 해도 몰라보시는데
　한 달 전에 안과 모시고 갔던 일 얘기하니 끄덕이신다

　― 엄마가 살아 있어, 돌아가셨어?
　라고 물으신다. 귀를 대고 몇 번 되풀이해 들어야 한다.
　― 오래전에 돌아가셨지. 나 중학생 적에.
　동생이 말한다.
　― 집이 없어.
　라 하신다.
　― 집이 왜 없어. 두 개나 있는데.
　하고 손가락을 하나, 둘 펴 보인다.

아마 집이 없어져서 여기 와 있다고 생각하시나 보다

20분 시간이 지나
동그랗고 예쁜 눈의 사회 복지사가
— 어르신, 들어가 보실까요?
한다.
— 엄마, 들어가서 과일과 빵 드세요. 맡겨 놓았어요.
하니 느리게 끄덕 하신다.
우리는 못 들어가는 유리문 안으로
휠체어 타고 밀려 들어가는 엄마
머리를 높게 올려 쳐서 살이 드러난 엄마 뒤통수
무방비의

차 타고 돌아오다 그 뒤통수가 떠올라
울기 시작했다
내일은 꼭 엄마 데려오게 전동 침대 빌려 달라고 전화할 거야

다음 날인 오늘도 엄마 뒤통수 때문에 운다
아파트 빈 벽에 울리는
내 울음소리는
집에 있을 때 엄마가 하루에도 몇 번씩
엄마 엄마 부르며 울던 소리와 어쩌면 이렇게 닮았는가

이렇게 헤어져서 무너지며 울려고
나와 엄마는 함께 그 세월을 버텨 왔을까

나는 아마도 엄마를 못 데려오려나 보다
이렇게 우는 걸 보니

맨 등짝

고층 아파트
새벽
누워서 올려다보는 하얀 구름 속
비치는 파란 하늘은
휠체어에 옮겨 앉히느라 말려 올라간
엄마의 등짝 맨살
나는 어쩌면 좋나
엄마를 어쩌면 좋나
아기보다 못한 엄마를 남들에게 떼어 놓고
잠을 자고
밥을 먹다니

면회 2

너무나 하고 싶은 말
'사랑해요'보다
백만 배 무거운 말

엄마 집에 가자

오늘도 '사랑해요'만 하고
혼자 돌아왔네

엄마 침대

새벽
창밖에 희미한 빛이 보이는데
몸에 미열이 있다
엄마는 요양원에 계시지만
나는 언제나처럼 엄마 침대 밑에
작은 요를 깔고 잔다
어제 엄마가 식사를 못하시고 혈압이 너무 떨어지니
수액을 좀 넣겠다고 전화가 왔다
손을 뻗어
침대 나무판을 잡는다
나뭇가지 같은 엄마 손을 잡은 것 같아서
흐느끼다가
결국은 소리 내어 운다
엄마는 아직 이 세상에 계시는데
왜 나는 초상당한 사람처럼 울고 있나
이러다가 내 몸이 다 녹아 버리겠다
방이 소금물에 잠기면
빈 엄마 침대가 섬처럼 뜨겠다

아파트에 내리는 눈

하늘을 지우고
산을 반 지우고
내려오는 눈이
창에서 나를 들여다보네

안에 엄마 있나
창에 매달려 방 안을 들여다보던 아이들이

호주머니에 손을 넣고
선득선득한 목덜미를 옴츠리면서
밑으로 밑으로
떨어져 내려가네

우리 엄마는 중환자실에서
액체를 몸에 넣고
액체를 몸에서 빼내는
수많은 줄과 바늘에 꽂혀
2주째 누워 계시네

물 한 방울 엄마 입에 넣어 줄 수도
손 한번 잡아 드릴 수도 없네

이렇게 이별할 수는 없는데
60여 년 날마다 함께 일어나 밥 먹고
함께 자던 엄마를
이렇게 보지도 못하고 보낼 수는 없는데

눈이 툭툭
지워지지 않는 기억들을 데리고
밑으로 밑으로 떨어져 가네

4부
신촌역에서 서울역까지

신촌역에서 서울역까지

연세대 세브란스 병원에 갔다가
구름다리를 건너
터널을 걸어서
신촌 기차역에 가 봤다

왼쪽에 하얗고 긴 건물이 딱 한 개
목 긴 꽃대처럼 올라가 있는데
이화여대라고 써 있다

아무래도 역 같은 곳이 보이지 않아
한산한 영화관 입구로 걸어 들어가는 아베크족에게 물어봤다
신촌 기차역이 어디여요?
남자가 픽 웃으며 우측을 손짓한다
있을 것 같지 않은 장소에 있는 공간들이 존재한다
신촌 기차역 입구가 그렇다
서울을 순례하는 듯한 외국인 여행객이 두엇
계단으로 올라간다

천 원짜리가 없어서 기차표를 뽑지 못한다
안내석에 앉은 남자는 만 원짜리로도 표를 뽑을 수 있단다
하지만 기차표 발매기는 만 원 지폐를 뱉어 냈다
지하철하고 똑같이 교통카드를 들이대는
앞사람을 따라 해서 간신히 타는 곳 입구로 들어설 수 있었다

경의선 신촌역에서 서울역까지
복사꽃이 화사하게 피어 있고
빈터들이 여기저기 놓여 있고
옛날 서울로 들어가는 그 입구를 따라
놀이공원 차 달리듯 들어가는데

아하
1940년대
연희전문 다니던 아버지와
이화여전 다니던 어머니가

딱딱한 좌석에 나란히 앉아
손을 잡을까 말까 망설이며
수줍게 흔들리며 가고 있다

서울 사람도 모두 알지는 못하리라
경의선 서울역이
아직도 그 모습 그대로 거기에 있다는 걸
최첨단 서울 역사 옆에
조그맣고 아담한
옛 서울 역사가 있다

아버지도 어머니도 더 이상 이 세상에 계시지 않지만

약속

아버지 아프시고
오빠 아플 때
가장이었던 나는

간병은 모두 엄마가 하고
나는 돈이나 벌면 되었는데도
하루하루가 불안하고 서러워

이 어려움이 지나면
엄마만은 내가 끝까지 책임지리라
그것만은 해낼 수 있겠다
혼자 약속을 했었다

웬걸
엄마 6년 간병하다가
요양원에 보내 버리고

혼자 먹겠다고 밥하다가

어엉 어엉 울고
흑흑 느끼면서 밥을 먹는다

새로 나온 시집을 보내니
아파 보였던지
얼굴도 모르던 시인들이 전화를 걸어 와서
자기는 어디 어디가 아프다고
아무에게도 하지 않을 것 같은 이야기를 속살거린다

저렇게 씩씩하게 살아야겠구나

고마운 친구들
오늘 밤 푹 자고
내일 아침 우리
아무 아픈 곳 없이 일어나자

기쁜 전화

김종철문학상 수상자가 되었다고 전화가 왔다
아버지 직장 놓으시고 가장이 되었던 그해 나는
스물여섯 살
중학교 퇴근하고 지하상가 가서
엄마가 꾸린 작은 옷 가게에서
대걸레로 바닥을 닦고
걸레를 빨고 돌아오던 밤
하늘에 스치는 별똥별에 소원을 빌었다
신춘문예에 당선되게 해 달라고
그리고 중앙일보에서 온 당선 전화를 받았었다
다시 40년 후에
막 심사가 끝났다고 온 전화
전혀 상상도 못 했던 소식
소중한 엄마는 요양원에서
휠체어에 앉아 바닥으로 기울어지고 계실 텐데
나는 누구에게 이 기쁜 소식을 전할까
다시 눈물이 난다
누르기만 하면 물이 줄줄 새는 요즘

힘내서 조금 더 살아 보라고
멀리서 글 쓰며 살아왔던 분들이 전화를 했다

소음 예민충*

산속에 폭 파묻힌 아파트로 이사를 왔다
새벽 서너 시경이면
꼬끼요인지
야호인지
소리치며 악쓰는 소리가 반복적으로 들려왔다
야호치곤 너무 집요하고
근처 양계장도 없고
군부대에서 특수 훈련이라도 하는 걸까

우연히 옆집 아줌마께 물으니
그거 고라니예요
저도 첨 이사 와서 놀랐어요

그 후엔
새벽 두 시에 해도
아침 일곱 시에 해도
응 잘 살고 있구나

한번은 새벽에 여럿이 한꺼번에 떠들더니
그날 도로에 새끼 고라니 둘이 로드킬로 누워 있었대
가족이 슬퍼하고 있었구나

무시로 소리가 들려도
애처로운 것들, 잘 살기를
시끄러운 줄 모르게 되었다

* 예민한 사람을 부정적으로 지칭하는 신조어. 단독 주택에서 아파트로 이사 온 후, 일상적인 생활 소음에 익숙해지기까지 적응 기간이 필요했다.

사기그릇에 물 넘기듯

북받치지도 않고
흐느끼지도 않고
하얀 사기그릇에 물이 차오르면
테두리부터 넘쳐흐르듯
그렇게 우는 습관이 생겨 버렸어

엄마 요양원에 떼어 놓고 돌아와
엄마 빈방에 들어갔던 날부터
달래 주는 사람도 없고
눈치 주는 사람도 없이
혼자 울다 보니

풀꽃문학상 시상식장
따스한 상을 받고
안겨 주는 꽃에 휩싸여
재즈 연주를 듣고 있는데

왜 넘어 버리는 거야

매끄럽게
소리도 없이
이유도 모르게

어떻게 해야 멈출 수 있을까

북받치는 것도 아니고
흐느끼는 것도 아니고
그저 조용히 넘어 버리는
이 뒤끝 질긴 눈물들

긴 병

엄마가 돌아가신 지 일주일
7년의 독박 간병이 끝난 지 7일째이기도 한
아침

주전자에 물을 붓다가
나도 이제 행복해져도 돼
중얼거리는데

엄마 없이!

라는 말이 뒤따라와 호되게 뒤통수를 후려쳤다

엄마 없이?

눈물이 울컥
다시 길을 가로막고 섰다

9일째

엄마 돌아가신 지 9일째
요양원에서는 커피를 못 주게 했다
노인들이 깨어 있으면 사고가 난다고 믿기 때문이다

요양원을 원망하지는 않는다
나 대신 엄마 기저귀를 갈아 주고
옷을 갈아입혀 준 곳이다

엄마 좋아하시는 믹스 커피 한 잔에
과일과 빵, 떡을 엄마 접시에 올려
사진 앞에 놓는다

엄마, 사랑해
다음 생엔 내 딸로 태어나
내가 잘해 줄게

사랑한다고 아무리 많이 말해도
말할 때마다 목이 멘다

안경 쓰고 울다

안경을 쓰고 울면
연기를 뿜어낸 듯
시야가 흐려져

벗어 보면
안경알 안쪽에
동그란 얼룩이 가득

입김을 불어
아무리 문질러도

둥글고 하얀 테두리는
닦아지지 않네

엄마
두 글자
부르기만 해도

마음이 가득 뿜어낸 소금 거품들이
안경알에 엉겨

동글동글 남아 있네

일곱 달하고 열하루째

엄마는 마음에 묻고
나는 행복하게 살아야지
라고 생각하다가 다시 눈물 난다
엄마가 내 집인데
내 좁은 방 안 어디에 엄마를 묻을까
엄마의 토닥토닥하던 마른 손
자기도 하나 힘이 없으면서
내게 힘을 주려 하던 엄마의 늙고 작은 몸
창밖엔 장마가
오래 계속되고 있다

혼자 말하기

자꾸만 괜찮아 괜찮아라고 말한다
나 혼자

누가 그래 줘야 할 것 같은데
내가 내게 괜찮다고 말한다

자꾸 말하면 그렇게 되는 것처럼

평온한 날

평온한 날이다
환자도 없고
나도 안 아프다
행복하기까지 하다

엄마를 묘지에 두고 와서 행복?
하면 다시 목이 메이지만
엄마는 그냥 옆방에서 바느질하고 계시겠지

나는 내 방에서 나 좋은 일 하고
엄마는 엄마 방에서 엄마 좋은 일 하시고
강아지는 뽈뽈뽈 온 집 안을 기어다니며
냄새 맡고 바닥을 긁고 몸을 털고

각자 또 같이
개도 주인을 닮는다더니
우리 셋 다 행복한 개인주의자

그날들 같다
그렇게 믿고만 싶다

세상에 이제 나 혼자

할머니들이 하는 일

길에 앉아 마늘을 까는 일
길에 앉아 쪽파를 까는 일
꼬물꼬물 손가락을 놀려서
채소가 내놓지 않으려 하는 속살을 내놓는 일
흙과 벌레를 한쪽에 쌓아 놓는 일

이제 누가 그 일을 해 주실까
젊은이들이 나이가 든다고 그 일을 할까
모냥 빠지고 흙 묻고 에퉤퉤 벌레가 꾸물거리는데

까 놓은 쪽파 천 원 지폐 몇 장을 내고 사면서
할머니들께 고맙다 오늘 마수다 소리까지 들으면서
눈물이 핑 돈다
나도 이제 할머니인데

꼬물꼬물 다듬어
제일 맛있는 속살만 내어 주시던
엄마의 마른 손

허벅지

장마와 장마 사이 숨 막히는
7월
무심코 내려다보니
얇은 인견 바지 밑에서 하얗게 허벅지가 드러났다

그래, 내 허벅지 맞네
초록 핏줄과
파란 핏줄이 얼기설기 비쳐 있는
갸름하고 하얀 허벅지
엄마랑 닮은

하나는 살아 있고 하나는 내 마음속에만 있네

봄, 새벽, 휘파람새

엄마와 꼬꼬엄마*와
다시 만나
옛집에서 함께 하룻밤 자고
일어난 새벽
휘파람새가 울고 있었다

창문을 모두 열고
창가에 귀를 대고 눈을 감으니

가까이에서 한 마리가 노래하면
멀리서 한 마리가 울고
다시 가까이에서 지저귀면
멀리서 한 마리가 화답하고 있었다
샘물 퐁퐁 솟아나
돌 틈으로 흘러가듯

이 황홀한 새벽을
나 혼자 살아남아 듣고 있구나

그래도
괜찮다는 생각이 들었다
두 엄마 함께 계시는구나

살풋
눈을 떴다

이 세상의 봄이
모두 와 있었다

*어렸을 때 나를 예뻐해 주신 이모를 내가 꼬꼬엄마라고 불렀다.

해설

돌봄 생존자의 언어,
애도愛道와 애도哀悼 사이에서

김수이(문학평론가)

해설

돌봄 생존자의 언어,
애도愛道와 애도哀悼 사이에서

김수이(문학평론가)

1.

건강하게 오래 살고 싶은 것은 인간의 본능적인 소망이다. 20세기 중반 이후 인류는 수명 연장의 꿈을 마침내 실현하고 있다. 그런데 안타깝게도 현대 과학이 선물한 수명 급증은 축복보다는 저주가 될 위험을 안고 있다. 2024년 기준 한국인의 기대 수명은 84.3세로[1], 건강 수명과는 18년 이상 차이가 난다.[2] 대다수의 한국인이 태어나 어른이 되는 데 걸린 시간만큼 노년에 오래 병을 앓다가 세상을 떠난다는 뜻이다. 병든 노인은 누군가의 돌봄을 절대적으로 요청하며, 가족은 이 요청에 몸과 마음, 노동, 시간, 자본 등을 총동원해 전방위적으로 응해야 한다. 자발성과 의무감이 모호하게 뒤섞인 채, 돌봄이 길어질수록 이 비율이 변해 가는 것을 온몸으로 느끼면서.

---

[1] 「한국인 평균 83세까지 산다지만… 삶을 버리는 속도도 세계 1위」, 《세계일보》, 2025.7.30.

[2] 「'건강수명' 18년 연장할 열쇠 '노년층 예방접종'」, 《시사저널》, 2025.8.12.

올해(2025년) 우리나라는 전체 인구의 20% 이상이 노인(65세 이상)인 초고령 사회에 진입했다. 이와 함께 국가 연간 사적 간병비 10조 원 시대가 열렸으며, 간병인을 고용한 가구당 월평균 간병비는 370만 원에 이른다.[3] 높은 간병비도 큰 부담이지만, 여러 이유로 간병인을 쓸 수 없는 가족은 자신을 '갈아 넣어야' 한다. '간병 지옥'은 돌보는 이에게 몸과 마음은 물론 삶의 의지마저 갉아먹는 '생존의 위협'이 되며, 심지어 가족 살해나 자살의 끔찍한 비극을 초래하기도 한다.[4] 공적 돌봄의 부재 속에 각 가정의 형편이 천차만별인 현재, 간병의 고통은 당사자 외에는 알 수 없는 극히 개별적인 영역에 은폐된다. 노인 장기 간병이 중대한 사회 문제임에도, 돌보는 가족의 고통은 사회 속에서 삭제되거나 (구체적인 내용과 신음이 지워진) '묵음默音'으로 처리되는 것이다. 병든 부모를 돌보는 자식은 세상에서 점점 고립되고, 자기 인생이 송두리째 사라지며, 자신 역시 늙고 병들면서 '노노老老간병'과 '환환患患간병'[5]의 기약 없는 고행을 계속해야 한다.

---

3 「"월 평균 370만 원" 간병비에 시들어가는 대한민국」, 《헬스조선》, 2025.9.12.

4 「[심층기획-2025 간병지옥 리포트] "간병살인은 공적 돌봄 부재의 비극적 결과"」, 《세계일보》, 2025.7.9.

5 '환자가 환자를 돌보는 일'을 뜻한다. 공식 명칭은 아니며, 노인이 노인을 돌보는 '노노간병'을 응용한 말이다.

갸륵한 헌신으로 시작했으나, 3년, 5년, 10년이 지나면서 생의 벼랑 끝에 서 있는 사람들. 이들을 부르기에 '돌봄 제공자'라는 명칭은 지나치게 단순한 감이 있다. 그보다는 '돌봄 생존자'라는 말이 더 적절할 듯하다.

> 언제 끝날지 모를 돌봄, 돌봄을 벗어날 수 없다는 생각, 내 인생은 이대로 끝이라는 감정이 밀려올 때면 나도 숨을 쉬기 어려웠다. 간혹 돌봄이 내 뒤통수, 목덜미, 등 전체에 거머리처럼 달라붙은 검은 운명 같다는 생각에 이를 때면 숨이 턱턱 막히는 동시에 이루 말할 수 없는 죄책감이 밀려왔다. 돌봄의 끝은 어디인가. 상상하기 어려운 슬픔이면서 반인륜적인 생각이었다.[6]

21년 차 특수 교사 김진화는 뇌 병변 장애를 입은 어머니를 10년간 돌보면서 느낀 번뇌를 통렬히 고백한다. 장애인을 돌보고 교육하는 일이 직업인 그녀도 육친을 간병하면서 숨기기 힘든 고통과 박탈감, 우울, 죄책감, 반인륜적인 생각 등의 끝없는 화살을 피할 수는 없었다. 돌봄 생존자의 상당수가 신체적, 정신적 질병을 앓는다는 것은 잘 알려진 사실이다. 김진화는 "돌봄 전문가

---

6 김진화, 『나는 듯이 가겠습니다』, 이매진, 2025, 111-112쪽.

와 의료진이 지닌 전문성에 가족 돌봄자의 경험이 더해질 때"[7] 좋은 돌봄이 가능하다고 하면서, "우리 사회가 돌봄자의 고통에 이토록 무감해도 되는지 질문을 던"[8]진다.

양애경의 일곱 번째 시집 『엄마 손을 잡고 그 골목에 서 있네』에도 이 쓰라린 고백과 질문이 곳곳에 녹아 있다. 양애경은 고통을 투명하게 가라앉힌 명랑한 음성과 동화적인 분위기로 '늙고 병든 엄마'가 살아 계시던 날들과 돌아가신 후의 이야기를 쓴다. '맑고 밝은 시적 활기'는 양애경이 평생 공들여 빚어 내고 의지해 온 시의 힘이자 삶의 힘이다. 양애경이 지닌 명랑한 시적 에너지는 태생적인 것인 동시에 그녀가 지닌 (무)의식적인 지향성으로 보인다. 1990년대에 한 시인이 간파한 바로는, "시 속에서 그의 영혼은 모든 단추와 잠금쇠를 풀고 즐거운 폭발을 시작한다. 몸속을 휘도는 피의 두근거림, 사랑의 속삭임, 살아 있는 것들의 환희와 고통을 들려준다".[9] 늙고 병든 엄마를 오래 돌본 일과 끝내 떠나보낸 일은 양애경에게 온갖 번민과 감정의 극단을 경험하게

---

7 위의 책, 210쪽.

8 위의 책, 262쪽.

9 양애경의 『바닥이 나를 받아주네』(창비, 1997) 뒤표지에 실린 나희덕의 글.

했을 것이다. 조용하면서도 명랑한 시인 양애경은 삶의 거대한 물결 속에서도 이 둘의 균형을 애써 잃지 않으려 한다. 미리 말해 두자면, 양애경의 이번 시집은 한 사람의 불완전한 인간일 뿐인 '돌봄 생존자'로서 '나' 자신을 용서하기 위한 노래이며, 이제 기억 속에만 존재하는 '엄마'에게 미래의 사랑까지를 약속함으로써 애도愛道와 애도哀悼를 완수하기 위한 노래이다. "엄마, 사랑해/다음 생엔 내 딸로 태어나/내가 잘해 줄게//사랑한다고 아무리 많이 말해도/말할 때마다 목이 멘다"(「9일째」).

2.

간병의 난이도는 병의 종류와 중증 정도, 경제력 등에 좌우된다. 하지만 이에 못지않게 중요한 요인이 있다. 돌봄을 받는 사람과 돌보는 사람의 성격character과 관계다. 재가 노노간병의 경우 부모와 자식은 대략 3, 40년을 떨어져 살다가 갑자기 한 집에서 생활하게 된다. 밥을 차리고 목욕을 시키고 옷을 갈아입히고 기저귀를 갈고 운동을 시키고 병원에 모셔 가는 등의 일이 끝도 없이 몰려온다. 더 근본적인 어려움도 있다. 아무리 피를 나눈 혈육이라도 나이 든 부모와 자식이 온종일 같이 있는 것 자체가 고난의 연속이다.

양애경은 어떤 상황이었을까. 이 시집에 의하면, 양애

경은 60대에 7년간 '엄마'를 "독박 간병"(「긴 병」)했다. 집에서 6년간 간병하다 결국 요양원에 모셨는데, 그로부터 1년 후에 그녀는 '엄마'와 영영 이별하고 만다. 양애경의 엄마는 "이화여전"(「신촌역에서 서울역까지」) 출신의 지식인으로, "조간신문 두 종류를 읽으며 정치인들을 성토하고/NHK, CNN, YTN만 보는" 사람이었다. "나는 엄마가 너무 똑똑한 게 싫었"고, "담임 선생 같은 엄마 밑에서/착한 딸 노릇 육십 년" 하는 것에 지쳤는데, 그 '대단한' 엄마가 "나이 90 넘고/두 번의 큰 수술을 거쳐" "다른 애들 엄마처럼 수수한 엄마/아니, 아이처럼/귀여워진 엄마"가 되었다. 동화 속 "악마의 장난"(「엄마」)처럼.

양애경의 엄마는 고관절과 손목 등을 수술했고, 섬망과 황반 변성, 치매 등을 앓았다. 간병을 하는 동안 '딸' 양애경은 자연스레 '엄마'의 역할을 하게 된다. "이젠 제가/엄마의 선녀 엄마가 되었어요/닦아드리고/새로 빤 옷을 입혀 드려요//이렇게 또 함께 무사히 하루가 지나요"(「신데렐라의 선녀 엄마」). "착한 딸 노릇 육십 년" 해 온 '나'는, 늙고 병들어 정신마저 흐릿해진 엄마―아이를 돌보기 위해 "엄마의 선녀 엄마"로 진화한다. 엄마의 엄마이자 딸인 '나'는 "담임 선생 같은 엄마"가 자식들에게 예쁜 옷을 직접 지어 입힌 "선녀 엄마"(「신데렐라의 선녀 엄마」)이기도 했음을 기억하면서, 보은의 마음으로 엄마-아이를 지극정성으로 돌본다.

그러나 먹이고 입히고 용변을 처리하는 일까지 일상생활의 모든 것을 수발해야 하는 간병의 길이 쉬울 리는 없다. "긴 병에 효자 없다."라는 속담은 일찍이 '효자'의 한계가 아니라 '인간'의 한계를 통감한 선조들의 뼈아픈 결론이었다. 부모를 하늘처럼 공경하던 시대의 효자도 인간의 한계를 뛰어넘을 수는 없었다. 21세기의 한국에서 딸(자식), 엄마(부모), 간병인 등의 삼중 역할을 해야 하는 딸 역시, 효자의 한계와 인간의 한계 사이를 끊임없이 넘나들며 고행의 하루하루를 보낸다. 지극한 사랑과 헌신은 어느새 지독한 우울과 죄책감을 부르고, 보은의 보람은 피로한 심신의 붕괴로 이어진다. '생生'에서 점점 멀어지는 '노병사老病死'의 험지를 갈수록 쇠약해지는 부/모와 함께 밤낮으로 헤매는 동안, 평범한 일상과 '나의 삶'과 '나 자신'은 사라진다. 노인 간병은 매일매일이 비상사태고, 전시 상황이며, 체력과 정신력과 인성의 시험 시간이다. 부모 간병이 주로 딸에게 전가되는 한국의 현실에서 "착한 딸"은 간병의 고통과 딜레마를 더 혹독하게 겪는다. 그중에서도 비혼의 "착한 딸"이라면 글자 그대로 "독박 간병"의 더 깊은 늪에서 허우적거리기 쉽다. "어떻게 해야 내가 엄마 앞의 모든 언덕을 평평하게 펼 것인가"(「세상의 모든 언덕」). 어떻게 해도 늘 불평을 일삼는 엄마 앞에서 "착한 딸"은 불가능한 임무를 자신에게 부여하며 끊임없이 좌절한다.

이 처절한 간병의 현장, 그럼에도 단지 '개인적인 시련'으로 치부되는 현장을 어떻게 시화해야 할까. 양애경은 간병의 수고를 적나라하게 호소하는 대신, "착한 딸"의 (강박 섞인) 정체성과 그녀 특유의 '명랑한 시적 활기'로 담담히 감싸안는 길을 택한다. 어떤 언어로도 전부를 말할 수 없기 때문이고, 말한들 직접 겪지 않은 사람은 이해할 수 없기 때문이며, 어떤 부분은 말하고 싶지 않기 때문일 것이다. 예컨대, "엄마 고관절 수술하고 닷새나 똥이 안 나와서 내가 손가락으로 엄마 항문에서 딱딱해진 똥 꺼내 준"(「변비」) 일도, 뇌가 고장 난 "36킬로그램 할머니"인 엄마를 재우기 위해 "코끼리도 재울 수 있는/쎄로켈 25밀리그램"을 먹이는 일도 양애경은 별일 아니라는 듯이 동시童詩의 화자 같은 어투로 이야기한다. 이 명랑한 어투가 그러나 얼마나 많은 묵음默音들 속에서 드물게, 간신히 솟아난 것인지를 짐작하기는 어렵지 않다.

    코끼리도 재울 수 있는
    쎄로켈 25밀리그램

오늘 임무는
36킬로그램 할머니 재우기예요
껌이죠 뭐

잠들게 해요
고장 난 뇌를 멎게 해요
윙윙거리는
불안과 공포를 멈춰요

왜 팔을 못 드는지
왜 어깨가 떨어져 나갈 듯 아픈지
왜 손목을 못 쓰는지 묻지 못하게 해요

왜냐하면
했던 말 하고 또 하고 또 하고
들은 말 잊고 또 잊고 또 잊고
뭐~어? 내가 팔이 부러졌다고? 손목이 부러졌다고? 수술을 했다고?
깜~짝 놀랐다가
왜 내가 이 팔을 못 움직여? 왜 나를 묶었어? 라고 화를 냈다가
또 팔이, 손목이, 수술이…

엉 엉 엉 나 어떡해 나 무서워
멀쩡한 사람은 못 견디니까요

—「쎄로켈」 부분

 "고장 난 뇌를 멎게" 하고 "윙윙거리는/불안과 공포를 멎"추게 하기 위해 깡마른 '엄마'에게 독한 약을 먹여 재우는 일을 양애경은 한마디로 정리한다. "껌이죠 뭐". 유머와 반어, 연민과 참담함 등이 뒤얽힌 이 속된 관용어는 딸-엄마-간병인인 '나'의 분열적 역할과 그 어려움을 역설한다. 이 와중에 엄마는 수술한 팔과 손목이 왜 아픈지도 모르고, 했던 말을 수없이 또 하면서 놀랐다가 화냈다가 울었다가를 정신없이 반복한다. "엉 엉 엉 나 어떡해 나 무서워/멀쩡한 사람은 못 견디니까요". 울음과 공포는 엄마의 것에서 어느새 '나'의 것으로 옮아와 있다.
 엄마의 고통과 '나'의 고통의 동시성, 철저히 개별적이면서도 떼어 낼 수 없이 얽혀 있는 고통의 동시성은 시집의 표제작인 「엄마 손을 잡고 그 골목에 서 있네」에서는 삶과 죽음의 겹침 및 과거와 현재의 동시성으로 형상화된다. "산 것도 아니고/죽은 것도 아닌 사람과 단둘이 사는/여기는/연옥", "40여 년 전에 엄마가 사고/한 번도 떠나지 않은 우리 집//이 집은 저승으로 향한/이승 쪽 마지막 정류장/어슴푸레한 가로등 밑에//지팡이를 짚은 엄마의 작은 손을 잡고/슬픈 내가 서 있네". 산 것도 죽은 것도 아닌 엄마와 '내'가 단둘이 사는, "저승으로 향한/이승 쪽 마지막 정류장"인 '우리 집'은 '연옥'이다. 이승도 저승도 아닌 연옥에서 '나'는 삶과 죽음, 과거와 현재, 엄마의 고통과 '나'의 고통에 동시에 붙잡힌 채 "지팡이를 짚은 엄마"의 유일한 보호자가 되어 슬프게 "서 있"다. 이승의 맨 끝에서 '나'는 "90의 엄마와/단둘이 즐겁게" 살다가도 엄마에게 진 빚의 이자를 "영원히 지불하고 있는 것 같은 기분"에 사로잡힌다. 이 기분의 오래된 이름은 '효도'이며, 최근의 이름은 '간병 우울증'이다.

> 그건 줄 모르고
> 90의 엄마와
> 단둘이 즐겁게 사는 것
>
> 그러다 힘든 날은
> 원금을 다 갚은 빚의
> 이자를
>
> 영원히 지불하고 있는 것 같은

기분이 드는 것

―「효도」 전문

    양애경은 1부와 3부, 4부에 간병에 관한 시들을 수록하고 있는데, 그녀의 맑고 밝은 활기가 반짝이는 것은 주로 1부의 시들에서다. 집에서 엄마를 혼자 돌본 6년의 세월은 그녀에게 힘들지만 보람과 즐거움을 느끼게 했을 것이다. 그러나 중증 치매로 악화한 엄마를 요양원에 보낸 1년과 엄마가 돌아가신 이후를 쓴 3, 4부의 시들에서 양애경은 죄책감과 슬픔, 자괴감을 감추지 못한다. "이제 나이가 들고/노력해도 안 되는 것, 내 힘으로 안 되는 것이 있다는 걸/인정할 때가 왔다//(…)//내가 내 손으로 엄마를 요양원에 데려가/문을 쾅 닫고/혼자 돌아오다니!"(「원하는 것은 무엇이든 얻을 수 있고」), "아기보다 못한 엄마를 남들에게 떼어 놓고/잠을 자고/밥을 먹다니"(「맨 등짝」), "이렇게 헤어져서 무너지며 울려고/나와 엄마는 함께 그 세월을 버텨 왔을까"(「면회 1」), "엄마는 아직 이 세상에 계시는데/왜 나는 초상당한 사람처럼 울고 있나/이러다가 내 몸이 다 녹아 버리겠다"(「엄마 침대」). 노력해도 안 되고 '내 힘'으로 안 되는 '인간의 한계' 앞에서도 '효자의 한계'에 대한 양애경의 자의식은 쉽게 사그라들지 않는다. "'사랑해요'보다" "엄마 집에 가자"

가 "백만 배 무거운 말"인 이유는 우리 사회에서 '효자의 한계'(더 정확히는, 효자의 이념)가 '인간의 한계'에 근접했거나 그것을 초과한 영역에서도 여전히 작용하는 데 있다. "착한 딸"의 마음속이라면 더더욱 뿌리 깊이.

>너무나 하고 싶은 말
>'사랑해요'보다
>백만 배 무거운 말
>
>엄마 집에 가자
>
>오늘도 '사랑해요'만 하고
>혼자 돌아왔네
>―「면회 2」 전문

엄마가 돌아가신 후 양애경의 슬픔과 자책감은 극대화된다. 양애경은 계속 날짜를 헤아리며 엄마를 애도하느라 여념이 없다. 양애경의 애도哀悼는 슬픔의 길인 애도哀道와 사랑의 길인 애도愛道를 오래 방황하는 일로 점철된다.

>엄마가 돌아가신 지 일주일

7년의 독박 간병이 끝난 지 7일째이기도 한
아침

(…)

엄마 없이?

눈물이 울컥
다시 길을 가로막고 섰다
                    —「긴 병」부분

엄마 돌아가신 지 9일째

(…)

사랑한다고 아무리 많이 말해도
말할 때마다 목이 멘다
                    —「9일째」부분

엄마는 마음에 묻고
나는 행복하게 살아야지
라고 생각하다가 다시 눈물 난다

엄마가 내 집인데

내 좁은 방 안 어디에 엄마를 묻을까

—「일곱 달하고 열하루째」 부분

  딸의 삶은 엄마의 죽음 이전과 이후로 나뉘어 있고, 딸의 현재는 엄마의 죽음 이후를 헤아리는 시계를 따라 흐른다. 7일째, 9일째, 일곱 달하고 열하루째 등. 그런데 이 시계의 숫자는 딸의 "독박 간병이 끝난" 이후의 시간과 정확히 일치한다. 감당하기 힘든 슬픔 속에서도 "엄마는 마음에 묻고/나는 행복하게 살아야지"라는 딸의 다짐은 이중적인 의미를 지닌 이 시계의 째깍거림 속에서 생겨난다. 엄마의 죽음과 딸의 삶을 동시에 가리키는 이 시계는 딸의 애도가 어떻게 완수될 수 있는가를 깨닫게 하는 역할을 한다. 죽을 수밖에 없는 존재인 인간의 유한성을 인정하고 겸허히 받아들이는 일이 그것이다. "늘, 지나간 다음에 알게 되죠/죽어 가는 사람을 살리지 마세요//평화롭게 거기,/두세요"(「죽은 사람을 살리지 말아요」).

  그리고 그 딸도 어느덧 노인의 대열에 합류하기 시작했다. "저는 많은 걸 욕심내지 않아요/세수하고 밥 먹고/화장실 가서 옷 잘 내리고 볼일 보면 휴지를 쓰고/벽을 짚고 사알살 걸을 수만 있으면 돼요"(「사알살」). 노인의 마지막을 엄마와 함께 걸었던 양애경은 오래되어 고장 난 컴퓨터에 빗대어 삶의 최소한의 능력인 '적은 욕심'을 토로한다. 그러나 그녀는 '신체 자립의 최저 능력치'가 얼마나 큰 소망인지 누구보다 잘 알고 있다. 때문에 그녀는 마트에서 만난 "지린내"가 "창궐하"는 '할머니'(「지린내」)에게 불쾌함보다는 돕고 싶은 마음을 느끼고, "살아 있는 모든 것/살아 있다가 영혼이 다른 곳으로 떠난 모든 몸은/비린내를 풍기게 마련인 것"(「비린내」)을 실감한다. 딸의 시계는 시차를 두고 갈 뿐, 엄마의 시계와 다른 것이 아니었다. 양애경은 늙어 가는 자신을 평온하게 받아들인다. "네 달째다/흰머리로 살기로 한 지//(…)//여기는 노인의나라역입니다/상냥하고 무미한 안내 멘트를 들으며//그래도 괜찮았다"(「여기는 노인의나라역입니다」).

> 평온한 날이다
> 환자도 없고
> 나도 안 아프다
> 행복하기까지 하다
>
> 엄마를 묘지에 두고 와서 행복?
> 하면 다시 목이 메이지만

엄마는 그냥 옆방에서 바느질하고 계시겠지
—「평온한 날」 부분

엄마와 함께 잡지 보고 만들었던 옷들이랑

이 모든 것들로 고치를 짓고
탈피하여 나비가 되어
훨훨 날아갈 날을 기다리고 있어요
—「허름하긴 하지요」 부분

 이 괜찮음과 평온함 속에서 우리는 다시 양애경의 따뜻하고 화사한 시적 활기를 만난다. 엄마의 죽음은 비통한 일이지만 그 긴 독박 간병이 끝났다는 것, '나'도 엄마처럼 늙어 가면서 엄마와 함께했던 지난 삶에서 "탈피하여 나비가 되어/훨훨 날아갈 날을 기다리고 있"다는 것. 딸-엄마-간병인으로 7년을 살았던 양애경은 이제 자신의 정체성을 다시 선언한다. "나는 시인/어차피 사람은 철저하게 혼자란 걸 아는 영혼"(「왜 나는 트로트를 좋아하지 않을까」). 늙음과 질병과 죽음은 누구든 "철저하게 혼자" 겪을 수밖에 없는 일이며, '시인'이란 그 '철저한 혼자'의 길을 끝내 자립해 가고자 하는 사람이라는 의미가 이 문장에 숨겨져 있는 것은 아닐까.

3.

 7년 동안의 간병 생활에서 양애경도 몸과 마음의 이곳저곳이 많이 아팠을 것이다. 양애경은 자신의 고통을 어떤 식으로든 알아봐 주고 따뜻하게 응답해 준 이들에게 큰 힘을 얻고 고마움을 전하는 것으로 그 사연을 대신한다. "새로 나온 시집을 보내니/아파 보였던지/얼굴도 모르던 시인들이 전화를 걸어"(「약속」) 오고, "힘내서 조금 더 살아 보라고/멀리서 글 쓰며 살아왔던 분들이 전화를" 해서 "김종철문학상 수상자가 되었다"는 "기쁜 소식"(「기쁜 전화」)을 전해 준 것 등이 그 예다. 이런 맥락에서 2부 '그리운 당신'에 실린 시들은 양애경이 사람에 대한 사랑과 새로운 만남에 대한 기대를 잃어버리지 않겠다는 설렘 가득한 고백으로 읽힌다. 이루지 못한 옛사랑을 그리워하고, "머리가 하얗게 된 이후로 비로소/남친이 생길지 모른단 생각이/들기 시작했"다고, "다시 두근두근"(「흰머리파」)거리는 양애경에게 '이승'은 사람들이 각자 사는 곳이면서도 함께 사는 곳이며, 막막한 거리 속에서도 언제든 만날 수 있는 가능성을 품고 있는 곳이다. 이 가능성을, 이 가능성에 대한 믿음을 '사랑'이 아니면 무엇이라고 부를 수 있을까.

아주 오래전
좋아했던 사람
엉뚱한 데서,
어떻게 지냈어?
불쑥 고개 내밀 수 있게
아직 같은 생에 서 있는 게
좋아

따로 흘러가고 있더라도
—「이승」 전문

    이 사랑의 영토가 비단 이승에만 국한되는 것은 아닐 것이다. 그리하여 엄마의 가장 가까운 곁에서 '노병사'의 긴 험로를 지나온 양애경은 오늘에야 비로소 "나 혼자"의 "황홀한 새벽"을 살고 있노라고, "세상의 봄"들을 모두 맞이하고 있노라고 벅차오르는 '생'의 투명한 숨결로 노래한다. "이 황홀한 새벽을/나 혼자 살아남아 듣고 있구나//(…)//살풋/눈을 떴다//이 세상의 봄이/모두 와 있었다(「봄, 새벽, 휘파람새」). 아무 일 없이도, 아니 아무 일이 없어서 황홀한 평온은 그만큼의 고통을 감내해 본 사람만이 도달할 수 있는 경지의 것일 터이다. 바라건대, 부디 이 평온에 아무런 죄책감도 남아 있지 않기를, 오직 자유로움만이 가볍게 흐르고 있기를, 무엇보다 늘 사랑의 새로운 가능성으로 충만하기를.

  이 글은 시인께 드리는 추신으로 마무리할 수밖에는 없겠다. 오래 사랑했고 더할 나위 없이 헌신했던 시인이시여, 오래오래 평안하시라. 또 다른 사랑의 길을 걸어가시는 내내…….

엄마 손을 잡고 그 골목에 서 있네
2025년 10월 20일 1판 1쇄 펴냄

지은이	양애경
펴낸이	김성규
편집	조혜주 최주연 권은하 한도연
디자인	신혜연
펴낸곳	걷는사람
주소	경기도 용인시 기흥구 동백중앙로 358-6, 7층 (본사)
	서울 마포구 월드컵로16길 51 서교자이빌 304호 (지사)
전화	031 281 2602 / 02 323 2602
팩스	02 323 2603
등록	2016년 11월 18일 제25100-2016-000083호

ISBN 979-11-7501-020-8 04810
ISBN 979-11-89128-01-2 (세트)

* 이 책은 대전광역시, (재)대전문화재단에서 사업비 일부를 지원받았습니다.
* 이 책 내용의 전부 또는 일부를 재사용하려면 반드시 지은이와 출판사의 동의를 얻어야 합니다.
* 잘못된 책은 교환해 드립니다.